AF312238

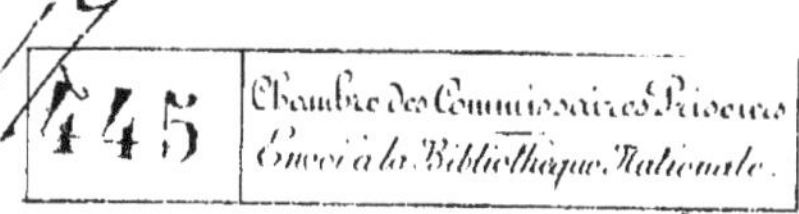

Vente du 17 Février 1911

(HOTEL DROUOT)

CATALOGUE

de LIVRES

SUR LES

Beaux - Arts

Architecture — Peinture

Sculpture — Gravure — Archéologie

Catalogues illustrés

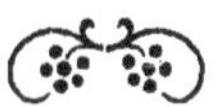

PARIS

PIERRE LECHANTEUX

9, Rue Guénégaud

1911

AUXERRE. — IMP. J. PIGELET

LA VENTE AURA LIEU

Le Vendredi 17 Février 1911

à deux heures précises du soir

Hôtel des Commissaires-Priseurs

9, rue Drouot

SALLE N° 8

Par le ministère de **M. Edouard FOURNIER**, Commissaire-Priseur

29, Rue de Maubeuge

Assisté de **M. Pierre LECHANTEUX**, Libraire-Expert

9, Rue Guénégaud

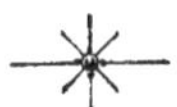

CONDITIONS DE LA VENTE

La vente se fait expressément au comptant. Les acquéreurs paieront 10 % en sus des enchères.

L'expert se réserve la faculté de vendre séparément les articles réunis sous un même numéro.

Le libraire chargé de la vente remplira aux conditions d'usage les commissions des personnes qui ne pourraient y assister.

L'ordre numérique du catalogue sera suivi.

.... *Vente du 17 Février 1911* ....

(HOTEL DROUOT)

CATALOGUE

de LIVRES

SUR LES

Beaux-Arts

Architecture • *Peinture*

Sculpture • *Gravure* • *Archéologie*

Catalogues illustrés

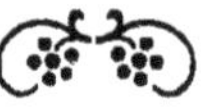

PARIS

PIERRE LECHANTEUX

9, Rue Guénégaud

1911

CATALOGUE DE LIVRES

SUR LES

BEAUX-ARTS

---

1. **ARCHÉOLOGIE.** — Bertrand, études de mythologie et d'archéologie grecques d'Athènes et Argos, 1858, in-12, br. — Beulé, Phidias, 1869, in-12, br. — Diehl. Excursions archéologiques en Grèce, 1908, in-12, br. — L'abbé Gerbold, archéologue, par Henri Onfroy, 1903, in-4, fig.,.br. — Lenormant, Recherches archéologiques sur Eleusis, 1862, in-8, demi-rel. — Niepce. Archéologie Lyonnaise, 1881, gr. in-8, vig., br. — Essais hist. et archéologique sur la peinture flamande, par de Wint, in-8, br. — Pompeia, décrite et dessinée par Breton, 1855, gr. in-8, fig., br. — Ravaisson, La Vénus de Milo, 1871, in-8, br. — Rayet, Etudes d'archéologie et d'art, 1888, gr. in-8, fig., br. — Schliemann, par Sophie Schliemann (en allemand), 1892, in-8, br. — Schliemann, Antiquités troyennes, 1874, in-8, rel. bradel. — Visconti, Mémoires sur les ouvrages de sculptures du Parthénon, 1818, in-8, br. — Ens. 13 vol.

2. **ACADÉMIE ROYALE** de peinture et de sculpture (Description de l'), par Nicolas Guérin et Dezallier d'Argenville, 1715-1780, publiées par Anatole de Montaiglon. *Paris*, 1893, in-4, broché.

3. **AFFICHES ILLUSTRÉES** (Les), par Ernest Maindron, 1886-1896, 2 vol. — Les Affiches étrangères illustrées, par MM. Bauwens, Hayashi, La Forgue, Pennel, Meirr-Graefe, 1897. *Paris, Launette*, 1886-1897. — Ens. 3 vol. in-4, figures, brochés, couv. imp.

    146 lithographies en couleur, hors texte et nombreuses reproductions en noir et en couleur dans le texte.

4. **AFFICHE BELGE** (L'). — Essai critique, biographie des artistes, avec plus de 100 reproductions d'affiches et 28 portraits, etc., par Demeure de Beaumont. *Liège*, 1897, 1 vol. et album in-8, broché.

5. **ALEXANDRE** (Arsène). — L'art du rire et de la caricature, 300 fac-similés en noir, et 12 planches en couleurs, d'après les originaux. *Paris, s. d.*, gr. in-8, demi-rel. avec coins de chag. rouge, tête dor., couv. imp.

6 ALMANACH DE LA SOCIÉTÉ DES AQUA-FORTISTES, 1865, par G. de Borel, ode-
lettes et versiculets, par Th. de Banville. *Paris, Cadart et Luquet*, 1865,
in-4, 12 planches gravées et titre rel. toile. Exemplaire avec dédicace au
Comte de Paris, et cachet de la Bibliothèque sur le titre.

7. AMEUBLEMENTS PARISIENS, par Delabarre, Godon, Bouvenne, etc. *Paris, Aubert, s. d.* (vers 1850), 1 litho. et 138 planches coloriées, in-4, rel. toile.

8. AMOURS ET ENFANTS, par Jules Legrain, ouvrage renfermant 32 planches en
phototypie.*Paris, Laurens, s. d.*, in-4, jésus en portefeuille.

9. ANDROUET DU CERCEAU. — Leçons de perspective. *Paris, Mamert-Patisson*,
1576, in-fol., avec 57 planches, demi-rel.

10. ANET. — Histoire et description du château d'Anet, depuis le dixième
siècle jusqu'à nos jours, précédée d'une notice sur la ville d'Anet, terminée
par un sommaire chronologique sur tous les seigneurs qui ont habité le
château, et sur les propriétaires, et contenant une étude sur Diane de Poi-
tiers, par Pierre Désiré Roussel.*Paris Jouaust*, 1875, in-4, cart.d'éditeur,
   48 planches dont plusieurs en couleur.

11. ARCHITECTURE OTTOMANE. — Ouvrage autorisé par iradé impérial et publié sous le patronage de Son Excellence Edhem Pacha, texte français par
Marie de Launay, dessins par Montani Effendi , Boghoz, Effendi Chachian et
Maillard. *Constantinople*, 1873, gr. in-fol., demi-rel., avec coins de chag.
rouge, lav., tête dor. (manque 6 pl.).
   197 planches en noir et en couleur.

12. ARCHITECTURE. — Puy de Labastie, Les grandes lignes architecturales et
leurs rapports harmoniques avec les climats, 1877, in-8, br. — Lefèvre,
Les Merveilles de l'Architecture, 1871, in-12, br. — Architecture agricole,
descriptions de la ferme modèle de Nivezé-les-Spa, par Thirion. *S. d.*, in-
fol., planches. — Quatremère de Quincy, de l'Architecture Egyptienne con-
sidérée dans son origine, etc., 1803, in-4, planches, br. — Radet, La Renaissance française au prieuré de Bouche-d'Aigre (Eure-et-Loire), 1902, in-4,
fig. — Ramée, l'Architecture et la construction pratique mises à la portée
des gens du monde, 1871, in-8, figures. — Ramée, Manuel de l'histoire générale de l'Architecture, 1843, 2 vol. in-12. — Ens. 8 vol.

13. ART (L'), Revue mensuelle illustrée, peinture, sculpture, etc., avec nombreuses eaux-fortes et gravures. Année 1888, 2 vol. in-fol., brochés.

14. ART A L'EXPOSITION UNIVERSELLE de 1900 (L'), texte de MM. Babelon, Bénédite, H. Beraldi, Calmettes, Demaison, Havard, Lafenestre, Garnier, etc.
Gravures et lithographies de Boilvin, Bracquemond, Burney, Fantin-Latour,
Lalauze, Vierge, Lunois, sous la direction de Jules Comte. *Paris* (1901), in-
4, figures, broché.

15. ART ET NATURE. — Etudes brèves sur quelques artistes d'hier et d'aujour-
d'hui, par Roger Milès, avec 35 eaux-fortes, héliogravures et lithographies
originales. *Paris*, 1897, in-4, pap. vélin, texte encadré d'un filet rouge,
demi-rel. avec coins de maroq. bleu, tête dor., couv. illustrée.

16. ART DÉCORATIF MODERNE. — Documents d'atelier. Album contenant 60
planches en couleurs, fac-similé d'aquarelles, 200 modèles nouveaux pour

les industries d'art, meubles, céramiques, tissus, bijouterie, etc., composés par Bonnier, Causé, Couty, Lalèque, Marius Michel, Robert, etc. Préface par Larroumet. *Paris*, 1898, in-4, en carton.

17. **ARTS DU BOIS, DES TISSUS ET DU PAPIER** (Les). — Mobilier national et privé, tapisseries, tissus, objets orientaux, livres et reliures, gravures, papiers peints. Ouvrage contenant 338 illustrations. *Paris, Quantin*, 1883, in-4, figures, demi-rel. bradel, non rog.

Texte par Champeaux-Darcel, Gasnault Germain, Bapst Champier, etc.

18. **ARTS ET MÉTIERS** (Les), illustrés par A. Bitard, avec gravures hors texte et dans le texte. *Paris, s. d.*, 2 vol. gr. in-8, figures, demi-rel. bas.

Ouvrage illustré de 51 grandes gravures hors texte et 467 figures dans le texte.

19. **ARTS SOMPTUAIRES** (Les). — Histoire du costume et de l'ameublement, et des arts et industries qui s'y rattachent, sous la direction de Hangard, Maugé, dessins de Ciappori, et texte explicatif par Charles Louandre. *Paris*, 1857, 4 tomes en 3 vol. in-4, figures, demi-rel. avec coins de maroq. rouge, tête dor., non rog.

Ouvrage illustré de plus de 300 planches en couleurs. Bel exemplaire avec les planches montées sur onglets.

20. **AUFFRET** (Dr Charles). — Les Ozanne, une famille d'artistes brestois au xviiie siècle. *Paris*, 1891, in-4 de 192 pages, 1 portrait, un fac-similé et 27 planches hors texte, broché.

21. **BAJOT** (Edouard). — Du choix de la disposition des ameublements de style. Etude des meubles au point de vue de leur destination variée, depuis les salles d'apparat jusqu'aux petits appartements dans lesquels se traduisent toutes les exigences de la vie privée. *Paris* (vers 1898), in-4, broché.

Ouvrage contenant 220 documents, dessins de Kreutzberger d'après les reconstitutions d'art ancien, armoires, bahuts, canapés, fauteuils, lambris, plafonds, moulures, etc.

22. **BALLU** (Th.). — Monographie de l'église de la Sainte-Trinité, construite par la ville de Paris. *Paris*, 1868, in-fol., avec 20 planches, demi-rel., chag. rouge.

23. **BAPST** (Germain). — Etudes sur l'orfèvrerie française au xviiie siècle. Les Germain, orfèvres-sculpteurs du Roy. *Paris*, 1887, in-8, portrait et figures, broché.

24. **BAPST** (Germain). — Histoire des Joyaux de la Couronne de France, d'après des documents inédits. *Paris*, 1889, 1 tome en 2 vol. in-4, figures, demi-rel., maroq. rouge, tête dor., non rog.

Papier Whattman publié par la Société des bibliophiles français, exemplaire imprimé pour M. Schefer.

25. **BAPST** (Germain). — Inventaire de Marie-Josèphe de Saxe, dauphine de France. *Paris, Lahure*, 1883, in-4, broché, couv. imp.

Papier de Hollande, un portrait d'après Delatour. Envoi d'auteur, ouvrage non mis dans le commerce.

26. **BAUCHAL** (Ch.). — Nouveau dictionnaire biographique et critique des architectes français. *Paris*, 1887, gr. in-8 de 842 pages, broché.

27. BAUDRILLART (H.). — Histoire du luxe privé et public, depuis l'antiquité jusqu'à nos jours. *Paris*, 1878-1880, 4 vol. in-8, brochés. (Envoi d'auteur à Henri Martin).

28. BAYE (Baron de). — L'archéologie préhistorique, époque quaternaire, la transition entre les deux époques de la pierre, les grottes à sculptures, flèches à tranchant transversal, etc. *Paris*, 1880, gr. in-8, figures, broché. (6 planches hors texte).

29. BEAUX-ARTS (Les) et les arts décoratifs à l'exposition universelle de 1878, par Bonnaffé, Chesneau, Darcel, Gonse, Havard, Mantz, etc. Art ancien et Art moderne. *Paris*, 1879, 2 vol. in-4, fig., brochés.

     35 figures hors texte et un grand nombre de figures dans le texte.

30. BEAUX-ARTS. — Alberti, de la statue et de la peinture, traités, trad. du latin par Claudius Popelin, 1868, in-8, br. — Allemand, causeries sur le paysage, 1877, in-8, br. — Allongé, Le Fusain, 1873, in-8, br. — Anatomie artistique, par Zahn. S. d., in-8, fig., br. — L'art, simple, entretiens par Pécaut et Baude (1889), in-8, demi-rel. — Lacombe, Dictionnaire portatif des Beaux-arts, 1753, in-12, rel. veau. — Didron, Quelques mots sur l'art chrétien, 1874, in-8, br. — Gérard, le Portrait à l'aquarelle, 1881, in-8, br. — Guillaume, l'Histoire, de l'art et de l'ornement, 1886, in-8, figures, demi-rel. bradel. — Houssaye, Histoire de l'art français, 1860, in-8, demi-rel. chag. — Raoul Rochette, Questions de l'hist. de l'art, 1846, in-8, br. — Raoul Rochette, Peintures antiques, 1836, in-4, figures, demi-rel. — Raphaël d'Urbain, par Passavant, 1860, 2 vol. in-8, br. — Les Fresques de Raphaël, provenant de Magliana, 1873, in-8, br. — Rocamir de la Torre, Observations sur le coloris. S. d., in-8. — Ziegler, Traité de la couleur et de la lumière, 1852, in-8, br. — Ens. 16 vol.

31. BEAUX-ARTS. — Bergerat, Peintures décoratives de Paul Baudry au foyer de l'Opéra, 1873, in-12, demi-rel. — Bougot, Essai sur la critique d'art. S. d., in-8, demi-rel. — Burty, Maîtres et petits maîtres, 1877, in-12, br. — Chesneau, Peintres et statuaires romantiques, 1880, in-12, demi-rel. — Chesneau, Les Chefs d'école, 1862, in-12, demi-rel. — Delaborde, Mélanges sur l'art contemporain, 1866, in-8, br. — Claretie, L'art et les artistes français contemporains, 1876, in-12, demi-rel. — Emeric David, Histoire de la sculpture française, 1853; Histoire de la sculpture antique, 1853; Vie des artistes anciens et modernes, 1853; Histoire de la peinture au Moyen-Age, 1853; Notices historiques sur les chefs-d'œuvre de la peinture moderne, 1854: 5 vol. in-12, br. — Ens. 12 vol.

32. BEAUX-ARTS. — Amaury-Duval, l'Atelier d'Ingres, 1878, in-12, demi-rel. — Annales du Musée et de l'école moderne des beaux-arts, rédigé par Landon, 1803, 5 tomes en 2 vol. in-8, figures, demi-rel. veau. — Les Armes, par M. Maindron, 1890, in-8, fig., broché. — La Marmitte, annuaire pour 1888, in-8, br. — Marot, Notices biographiques sur les trois Marot, par Colletet, 1871, in-8, br. — Mendelsohn, Die Engel in der bildenden Kunst, etc., Renaissance, 1907, in-4, br. — Missel de Jacques Juvenal des Ursins, cédé à la ville de Paris, par Firmin-Didot, 1861, in-8, br. — Les manuscrits et la miniature, par Lecocq de la Marche. S. d., in-8, fig., rel. toile. Etudes des ornements, dauphins, écailles, etc., par Passepont; 651 gravures, in-4. — Ens. 10 vol.

33. BEAUX-ARTS. — Rondot, l'Enseignement nécessaire à l'industrie de la soie, 1877, gr. in-8, br. — Rondot, Les artistes et les maîtres de métiers étrangers ayant travaillé à Lyon, 1883, gr. in-8, br. — Le baron Alphonse de Rothschild, Notice artistique, 1905, in-4, fig., demi-rel. vélin. — Sculptures du XIe siècle de l'église abbatiale de Nivelles, par Alvin et Bock, 1850, in-8, br. — Vinet, Bibliographie méthodique et raisonnée des Beaux-arts, 1874, 2 fas. in-8 br. — Ens. 6 vol.

34. BEAUX-ARTS. — Destailleur, Notices sur quelques artistes français, 1863, in-8, demi-rel. — Dolent, Le livre d'art des femmes, 1877, in-12, br. — Gautier, L'art moderne, 1856, in-12, demi-rel. — Guillaume, Etudes d'art antique et moderne, 1888, in-8, br. — Lafenestre, Maîtres anciens, études d'histoire et d'art, 1882, in-8, br. — Lamennais, De l'art et du beau, 1881, in-12, demi-rel. — Lebarbier, Des causes physiques et morales qui ont influé sur les progrès de la peinture et de la sculpture chez les Grecs. An IX, in-8, br. — Michiels, Voyage d'un amateur en Angleterre, 1872, in-8, br. — Montalembert, Du Vandalisme et du Catholicisme dans l'art, 1839, in-8, fig., br. — Montucci, Les coupes du palais des Empereurs byzantins du Xe siècle, 1877, in-8, pl., br. — Ens. 10 vol.

35. BEAUX-ARTS. — Dusommerard, Les Monuments historiques de France à l'exposition de Vienne, 1876, gr. in-8, br. — Dussieux, Les artistes français à l'étranger, 1876, gr. in-8, demi-rel. chag., tête dor. — Catalogue complet d'Eaux-fortes originales et inédites, publiées par Cadart, 1878, in-12, planches. — Goncourt, La Maison d'un artiste, 1881, 2 vol. in-12, demi-rel. chag. — Ginisty, Le Dieu bibelot (collections originales), 1888, in-12, br. — Guichard, De l'ameublement et de la décoration intérieure de nos appartements, 1880, in-8, br. — Horsin-Déon, Les Portraitistes français de la Renaissance, 1888, in-8, br. — Jacob, Un mobilier historique des XVIIe et XVIIIe siècle (Collection Double), 1865, gr. in-8, planches, cart. — Ens. 9 vol.

36. BEAUX-ARTS. — Les Illustrateurs des vieilles villes, par Adeline, 1880, gr. in-8, front., br. — Amaury-Duval, Souvenirs (1885), in-12, br. — Asselineau, Notice sur Lazare Bruandet, peintre, 1855, in-8, br. — Beulé, Etudes sur le Péloponèse, 1855, in-8, demi-rel. — Boettiger, Antiquités grecques, 5 brochures en 1 vol., 1801, in-8, demi-rel. — Dissertation sur le monument de la reine Comosarye, par Koehler, 1805, in-8, demi-rel. — Résumé de l'histoire du costume en France, par Savigny, 1867, in-12, planches, demi-rel. — Le costume féminin, par Montaillé, 1894, in-8, figures, br. — Ens. 8 vol.

37. BEAUX-ARTS. — Gayet, L'exploration des nécropoles gréco-byzantines d'Antinoé, 1902, gr. in-8, planches, br. — Hurel, L'art religieux contemporain, étude critique, 1868, in-8. — Lagrèze, Pompéi, les catacombes, 1872, in-8, figures, demi-rel. — Marmottan, Les peintres de la ville d'Arras, 1889, in-8, br. — Moreau de Saint-Mery, Discours sur l'utilité du musée établi à Paris, 1805, in-8, cart. — Valabrègue, Les Princesses artistes, 1888, in-18, br. — Viollet-le-Duc, Description des châteaux de Pierrefonds, Coucy et Carcassonne, 3 brochures. — Ens. 9 vol. ou br.

38. BEAUX-ARTS. — Planche, Etudes sur les arts, 1855, in-12, br. — Radet, Visions brèves, notes d'art., 1894, in-12, br. — La Rapinéide, 1870, in-8, fig., br. — Silvestre, Histoire des artistes vivants français et étrangers, 1855, gr. in-8, portraits, br. — Silvestre, L'art, les artistes et l'industrie

en Angleterre, 1859, in-18, br. — Timbal, Notes et causeries sur l'art et sur les artistes, 1881, in-12, br. — Topffer, Reflexions et menus propos d'un peintre génevois, 1872, in-12, br. — Vitet, Etudes sur l'histoire de l'art, 1864, 4 vol. in-12, demi-rel. — Ens. 11 vol.

39. **Bellangé** et son œuvre, par Jules Adeline, avec eaux-fortes et fac-similé. *Paris, Quantin*, 1880, gr. in-8, demi-rel. percal., non rog., couv. imp. (Canape).

> Papier de Hollande avec 2 suites des planches avec lettre et avant-lettre sur Chine.

40. **Berlin**. — Die genialde galerie der Koniglichen museen zu Berlin, mit erlauterndem text von Julius Meyer und Wilhelm Bode herausgege ben von der general Vervaltung. *Berlin, Grotische, s. d.* (1888)), (I à IX lieferung), in-fol., contenant 54 planches sur papier de Chine collé, avec texte.

41. **Biographies ou Monographies d'Artistes**. — André Boulle, ébéniste de Louis XIV, par Asselineau, 1872, in-12, br. — Campardon, un artiste oublié, J.-B. Massé, 1880, in-8, br. — Cellini, Nouvel appendice aux recherches sur Benvenuto Cellini, par Plon, 1884, in-4, planches, br. — Philippe de Champagne. Notice, par Bouchitté. *S. d.*, in-8, br. — Charlet et son historien (de la Combe), par de Saint-Georges, 1857, in-8, br. — Charlet et son œuvre, par Armand Dayot. *S. d.*, gr. in-8, figures, br. — Chasseriau, peintre romantique, par Chevillard, 1893, in-8, port., br. — Claretie, Peintres et sculpteurs contemporains, 1874, in-12, demi-rel. — Claretie, J.-B. Carpeaux. 1875, in-18, br. — Clément, Michel-Ange, Léonard de Vinci, Raphaël. 1867, in-12, br. — Ens. 10 vol.

42. **Biographies ou Monographies d'Artistes**. — Exposition de l'œuvre de Corot, Notice par Burty, 1875, in-16, br. — Gustave Courbet, Souvenirs intimes, par Gros-Kost, 1880, in-12, br. — David d'Angers, par Maillard, 1890, in-8, br. — Examen du tableau du serment des Horaces, peint par David, par Péron, s. d., in-8, pl. — Eug. Delacroix, par lui-même, par Dargenty, 1885, in-12, br. — Delacroix, L'homme et l'artiste, par Cantaloube, 1864, in-12, port br. — Explication des tableaux, dessins, aquarelles de Paul Delaroche, exposée au palais des Beaux-arts, 1857, in-8, br. — Du Seigneur statuaire, par ses Amis, 1866, in-8, br. — Eloge de Hipp. Flandrin, par Beulé, 1864, in-8, br. — Hipp. Flandrin, par Poncet, 1864, in-8, br. — Exposition de H. Flandrin à l'Ecole des Beaux-arts, 1865, in-8, br. — Lettre de l'évêque de Nîmes. — Catalogue de la vente par suite de son décès, 1865, in-8, br. — Ens. 13 vol.

43. **Biographies ou Monographies d'Artistes**. — Gavarni, étude par Duplessis, 1876, in-8. fig., br. — Geofroy Tory, peintre graveur, par Bernard, 1857, in-8, rel. toile. — Les trois tombeaux de Géricault, par Etex, 1885, in-8, pl., br. — Girardon de Troyes, par Corrard de Breban, 1850, in-8, br. — Girodet, par la princesse de Salm. — Notice par Coupin, 2 br. — Goncourt, Gavarni. L'homme et l'œuvre, 1873, in-8, port. br. — Grandville, par Ch. Blanc. 1885, in-18, br. — Gros et ses ouvrages, par Delestre, s. d., in-8, br. — Hédou, (5 brochures in-8, Daliphard, Jean de Saint-Igny; Discours académie de Rouen. 1884; Rapport sur le prix Dumanoir, 1886. — Victor Delamare, 1868. Lefebvre, artiste peintre, 1890.) — L'œuvre de Charles Jacque, par Guiffrey. 1866. in-8, fig. — Latour, par Desmaze, 1854, in-18, br. — Latour, par Dréolle de Nodon, 1856, in-8. — Ens. 17 vol.

44. BIOGRAPHIES OU MONOGRAPHIES D'ARTISTES. — Eloge de Séb. Leclerc, par Vallemont, 1715, in-12, rel. veau. — Notice sur Ant. Masson, graveur Orléannais, 1866, in-8. — Notice sur Michel Ange, par Breton, 1860, in-8. — Rubens et l'Ecole d'Anvers, par Michiels, 1877, in-12, demi rel. — Bernard Palissy, Œuvres, par Cap. 1884, in-12, demi-rel. — Bernard Palissy, Œuvres, Notice par France, 1880, in-8, br. — Les Peintres de fêtes galantes, par Blanc, 1854, in-18, br. — La vie et les Œuvres de Pigalle, par Tarbé, 1859, in-8, demi rel. — Pils, peintre, sa vie et ses œuvres, par Becq de Fouquières, 1876, br. — Le Poussin, par Rochette, 1843, in-8, br. — Le Poussin et son monument, par Crémieu, 1851, in-8, br. — Pradier, par Etex, 1859, in-8, br. — Prudhon, sa vie et ses œuvres, par Clément, 1880, in-12, br. — Ens. 13 vol.

45. BIOGRAPHIES OU MONOGRAPHIES D'ARTISTES. — Pierre Puget, par Lagrange, 1868, in-12, demi-rel.— Puget, par Rabbe, 1807, in-8, br. —Pujos de Valenciennes, par Rouget, 1861, in-8, br. — Quatremère de Quincy, la vie et les ouvrages de Raphaël, 1835, in-8, fig., demi rel. — Raffet, sa vie et ses œuvres, par Bry, 1861, in-8, fig., br. — Guill. Régamey, notice par Chesneau, 1879, in-8, br. — Léop. Robert, sa vie, par Feuillet, 1854, in-12, br. — Rosa bonheur, sa vie et ses œuvres, par Roger Miles, 1900, in-4, br. — Rouget, peintre, notices, in-8. — Une œuvre de Rubens, la visitation découverte à Reims, 1896, in-8, br. — Rubens et l'Ecole d'Anvers, par Michiels, 1877, in-12, br. — Rude, sa vie, ses œuvres, par Legrand, 1856, in-12, demi rel. — Ens. 12 vol.

46. BIOGRAPHIES OU MONOGRAPHIES D'ARTISTES. — Rosa (Salvator), par Angelis, 1824, in-8, cart. — Simart, statuaire, par Eyries (1860), in-8, demi rel. — Thorvaldsen, sa vie et son œuvre, par Eug. Plon, 1874, in-12, rel. toile. — Troyon, notices in-8, br. — Horace Vernet, par Beulé, 1863, in-8, br. — Horace Vernet, par Silvestre, gr. in-8, port. — J. C. et H. Vernet, correspondance, par Durande, 1863, in-12, demi-rel. veau. — Le Salon d'Horace Vernet, par Jouy et Gay, 1822, in-8, br. — Joseph Vernet, par Lagrange, 1864, in-12, br. — Véronese, notice par Detouche, 1852, in-8, br. — Vies des premiers peintres du Roi depuis Lebrun jusqu'à présent, par Lépicié, 1752, 2 tomes en 1 vol. in-12, rel. veau. — Vinci, par Hugo Grasen von Gallenberg, 1834, in-8, br. — Léonard de Vinci, par Delécluse, 1841, in-8, br. — Watteau, essai sur sa vie et ses ouvrages, par Hédouin, 1845, in-8, br. — Le Tombeau de Watteau à Nogent-sur-Marne, 1865, in-8, fig., br. — Ens. 16 vol.

47. BOLOGNE (Jean), par Desjardins, 22 reproductions hors texte, tirées sur papier de Hollande à l'héliogravure, 60 gravures dans le texte. *Paris*, s. d., in-fol., cartonnage artistique non rogn.

48. BONHEUR (Rosa). — Catalogue des tableaux, aquarelles, composant son atelier dont la vente a eu lieu en mai et juin 1900, préface par Roger Miles, reproductions en taille-douce, procédé Georges Petit. *Paris*, 1900, 2 vol. in-4, portrait et nombreuses planches, brochés, couv. imp. Très beau catalogue.

49. BONNAFFÉ. — Les Collectionneurs de l'ancienne Rome, notes d'un amateur, 1867, in-8, pap. de Holl., demi-rel. avec coins, n. r. — Causeries sur l'art et la curiosité, 1878, gr. in-8, cart. bradel, non rogn. — Le catalogue de Loménie de Brienne (1662), annoté, 1873, in-12, pap. de Holl., br. — Arts libéraux et arts serviles, 1895, in-8, br. — Un art, une école, 1891, gr. in-8, br. — Physiologie du curieux, 1881, in-8, pap. de Holl., cart., non rog. — Ens. 6 vol.

50. Bonnardot (Alf.). — Histoire artistique et archéologique de la gravure en France. *Paris*, 1849, in-8 de 302 pages, br., tiré à petit nombre.

51. Bosc (Ernest). — Dictionnaire de l'art, de la curiosité et du bibelot. *Paris*, 1883, gr. in-8, nombreuses figures, broché, couv. Ouvrage illustré de 702 gravures et 4 chromos. Indispensable à tous les collectionneurs d'objets d'art.

52. Boucher (François). — Lemoine et Natoire, par Paul Mantz, illustré de 40 planches hors texte à l'eau-forte et de plus de 100 gravures dans le texte. *Paris, Quantin*, in-fol., cartonnage artistique non rogné.

53. Bouchot (Henri). — L'Epopée du costume militaire français, aquarelles et dessins originaux de Job. *Paris*, s. d. (1898), in-4, fig. et planches en couleurs, broché, couv. imp.

54. Bouchot (Henri). — Un Ancêtre de la gravure sur bois. Etude sur un xylographe taillé en Bourgogne, vers 1370. *Paris, Lévy*, 1902, in-4, XII et 131 pages, 5 planches hors texte, 54 vignettes dans le texte, broché, couv.

55. Bouvenne (Aglaüs). — Les Monogrammes historiques d'après les monuments originaux. *Paris, Jouaust*, 1878, in-16, papier vergé, br.

56. Boyer de Sainte-Suzanne. — Notes d'un curieux, lettre à un curieux de curiosités, les acteurs et le théâtre chez les romains. Inventaire du Cardinal Mazarin, les tapisseries de haute et basse lisse, etc., etc. *Monaco*, 1878, in-8, papier de Hollande, rel. percal. rouge, non rogn.

57. Breton (Jules). — La vie d'un artiste, 1 vol. — Un Peintre paysan, 1 vol. — Les Champs et la mer, 1 vol. — La Peinture, les lois essentielles, 1 vol. — Savarette, 1 vol. *Paris*, 1875-1904. — Ens. 5 vol. in-12, brochés, couv. Envoi d'auteur.

58. Broderie Moderne (La), par Eugène Prignot. *Paris*, 1883, in-fol. en carton, 20 planches en bistre.

59. Burty (Philippe). — Chefs-d'œuvre des arts industriels, céramique, verrerie et vitraux, émaux, métaux, orfèvrerie, bijouterie, tapisserie, 200 gravures sur bois. *Paris*, s. d. 1866, gr. in-8, broché, premier tirage.

60. Burty (Philippe). — F. D. Froment-Meurice, argentier de la ville (de Paris) (1802-1855). *Paris, Jouaust*, 1882, in-4, port. et figures, broché. Papier de Hollande, un portrait gravé à l'eau-forte par Buhot, 5 eaux-fortes gravées par Jacquemart, Gaucherel et Coury et une planche en chromo, figures dans le texte.

61. Cabinet de l'Amateur et de l'antiquaire, revue des tableaux et des estampes anciennes, des objets d'art, d'antiquité et de curiosité, publiée par Eugène Piot. *Paris*, 1842-1863, 5 vol. in-8, figures, demi rel.

64. Cahier (Le P. Ch.). — Nouveaux mélanges d'Archéologie, d'histoire et de littérature sur le moyen âge. Décorations d'Eglises. *Paris, Didot*, 1875, infol., figures, broché.

65. Canova et ses ouvrages ou mémoires historiques sur la vie et les travaux de ce célèbre artiste, par Quatremère de Quincy. *Paris*, 1834, gr. in-8 de 420 pages, demi rel. bradel non rog.

66. Carpeaux (J.-B.) — Le Statuaire J.-B. Carpeaux, sa vie et son œuvre par Ernest Chesneau. *Paris*, 1880, in-8, figures, broché.

67. Catalogues illustrés. — Arsène Alexandre, tableaux, 1903, 30 planches. — Bellino, tableaux, aquarelles, etc., 1892, 24 planches. — Benito Garriga, tableaux anciens, 1890, 3 pl. — Beurdeley, dessins, aquarelles, gouaches du xviii⁰ siècle, 1905, 42 planches. — Blot, tableaux, aquarelles, 1900, 35 planches. — Boilly, tableaux, 1900, 4 pl. — Bonnet, tableaux, 1885, 1 pl. — Burat, tableaux anciens, 1885, 9 pl. — Tableaux modernes, 24 février 1881, 15 pl. — Tableaux anciens, 25 mars 1908, 18 pl. — Objets d'art du xviii⁰ siècle, Baron de ***, 30 janvier 1884, 10 pl. — Objets d'art. Madame d'Yvon, 1892, 27 pl. — Ensemble, 12 vol. in-4, brochés.

68. Catalogues illustrés. — Cernuschi, tableaux anciens, mai 1900, 19 planches. — Chaplain, tableaux, esquisses, etc., avril 1891, 5 planches. — Charles G., tableaux modernes, pastels, etc., juin 1900, 75 planches. — Cochin, tableaux anciens et modernes, 29 mars 1886, 15 pl. — Cognoulle, tableaux anciens, 14 fév. 1885, 7 pl. — Coquelin, tableaux modernes, aquarelles, pastels, mai 1893, 21 planches. — Hubert Debrousse, tableaux modernes, avril 1900, 14 planches. — Delessert, tableaux, mars 1869. — Denain, tableaux anciens et modernes, pastels, etc., avril 1893, 17 planches. (prix de vente). — Double, objets d'art, tableaux, etc., juin 1881, 18 planches. — Ens. 10 vol. in-4, br.

69. Catalogues illustrés. — Dreyfus, tableaux modernes. 29 mai 1889, 45 planches. — Duncan, tableaux modernes, 15 avril 1889, 10 planches. — Faure, tableaux modernes, 7 juin 1873, 28 planches (prix de vente). — Febvre, tableaux anciens et modernes, objets d'art, etc., avril 1882, 18 pl. — Fromentin, Catalogue de la vente de ses tableaux, janvier 1877. — Ganay, 7 tableaux, 14 mai 1881, 3 pl. — Garnier, tableaux modernes, aquarelles, pastels, décembre 1894, 26 planches. — Goldschmidt, tableaux et objets d'art, 1888, 12 pl. — Goldschmidt, tableaux modernes, par Bonington, Corot, etc., 17 mai 1888, 30 planches. — Harmann, tableaux modernes, 7 mai 1881, 16 planches. — Ens. 10 vol. in-4, brochés.

70. Catalogues illustrés. — Heilbuth, tableaux, aquarelles, dessins, mai 1890, pl. — Hubert-Robert, 6 grands tableaux, 13 juin 1900, 7 pl. — Hulot, tableaux anciens et modernes, 1892, 29 pl. — Huybrechts, tableaux de maîtres anciens et modernes, mai 1902, 73 pl. — Laurent Richard, tableaux anciens et modernes, objets d'art, mai 1886, 24 pl. — L. B. tableaux modernes et aquarelles, mai 1901, 21 pl. — Lebrun d'Albanne, très beaux tableaux, mai 1884, 6 pl. — Lelong, objets d'art et de haute curiosité, décembre 1902, 20 planches. — Liebermann, tableaux modernes, mai 1876 (prix de vente). — Lissingen, tableaux de premier ordre, mars 1876, 57 planches (prix de vente). — Ens. 10 vol. in-4 et in-8, br.

71. Catalogues illustrés. — Georges Lutz. Importants tableaux modernes, pastels, dessins, aquareles, mai 1902. — Mailand. Tableaux anciens, mai 1881, 8 planches. — Menasce. Tableaux modernes, aquarelles, etc., mai 1894, 22 pl. — Du Montbrison. Tableaux anciens et portraits historiques,

mai 1904, 13 pl. — Moreau Nélaton. Tableaux modernes, aquarelles, pastels, mai 1900, 33 pl. — M. S. Tableaux anciens de premier ordre, juin 1900, 10 pl. — M. W. Tableaux modernes, avril 1897. — Narischkine. Tableaux anciens et modernes, 5 avril 1883, 17 pl. — Neuville. Tableaux, aquarelles, esquisses et dessins, mai 1898, 12 pl. — Oppenheim et Sédelmeyer. Tableaux anciens et modernes, avril et mai 1877. — Ens. 10 vol. in-4 et in-8, br.

72. Catalogues illustrés. — Paturle. Tableaux modernes, fév. 1892, 12 pl. — Péreire. Galerie, par Burger, 1864, 5 pl. — Péreire. Tableaux anciens et modernes, mars 1872, 48 pl. — Perkins. Tableaux anciens, 1893, 16 pl. — Piot. Objets d'art de la Renaissance, tableaux, mai 1890, pl. — Reiset. Tableaux de premier ordre, avril 1879. — Ridgway. Tableaux anciens et modernes, décembre 1904, 11 pl. — Roederer. Tableaux modernes, 1891, 28 pl. — Roxard de la Salle. Tableaux anciens, mars 1881, 7 pl. — Ens. 9 vol. in-8 et in-4, br.

73. Catalogues illustrés. — Sabatier. Tableaux anciens et modernes, mai 1883, 11 pl. — Schneider et Marcille. Tableaux anciens et modernes, dessins, avril 1876, 31 pl. — Second. Quatre tableaux par Rosa Bonheur, Corot, etc., juin 1898, 4 pl. — Sedelmeyer. Tableaux modernes, mai 1877, 29 pl. — Seillière. Objets d'art et haute curiosité, mai 1890, fig. — Suermondt. Trente-quatre tableaux modernes, fév. 1877, 3 pl. — Veyrassat. Tableaux, études, esquisses, décembre 1893, 7 pl. — Vicomte A. Tableaux anciens de grands maîtres, avril 1883, 9 pl. — Wilson. Tableaux anciens et modernes et tapisseries, 21 mars 1873 (prix de vente). — Madame d'Yvon. Objets d'art et d'ameublement, 1892, 27 pl. — Zygomalas. Tableaux et aquarelles, juin 1903, 32 pl. — Ens. 10 vol. in-8 et in-4, br.

74. Cent dessins de maîtres, reproduits en fac-simile. *Paris, Launette*, 1885, gr. in-8, br.

> Reproduction de 100 dessins de Paul Baudry, de Beaumont, Jules Breton, Bouguereau, Detaille, de Neuville, Gustave Doré, Leloir.

75. Chabat (Pierre). — Dictionnaire des termes employés dans la construction et concernant : la connaissance et l'emploi des matériaux, l'outillage qui sert à leur mise en œuvre, etc. *Paris*, 1874-76, 2 vol. gr. in-8, figures, br.

76. Chiffres. — Recueil complet de chiffres à deux et trois lettres, composé et dessiné par Sanier père et gravé par son fils. *Paris, Bance*, s. d., 32 pages gravées, broché.

77. Chintreuil (La vie et l'œuvre de), par La Fizelière, Champfleury et Henriet. *Paris*, 1874, in-fol. en feuilles.

> Texte sur papier de Chine et 42 eaux-fortes sur papier de Hollande.

78. Chipiez et Perrot. — Le Temple de Jérusalem et la maison du Bois-Liban, restitués d'après Ezéchiel et le livre des Rois. *Paris*, 1889, gr. in-fol., texte et 12 planches en portefeuille.

79. Choisy (Auguste). — L'art de bâtir chez les Egyptiens. *Paris*, 1904, gr. in-8 de 155 pages avec 24 planches, demi-rel. chag., tête dor.

80. Clément (Charles). — Michel-Ange, Léonard de Vinci, Raphael, avec une étude sur l'art en Italie avant le xvie siècle et des catalogues raisonnés, illus-

tré de 167 dessins d'après les grands maîtres. *Paris, s. d.,* gr. in-8, demi-rel. chag., tr. dor.

81. CLÉMENT DE RIS. — Les Amateurs d'autrefois. Huit portraits gravés à l'eau-forte. *Paris,* 1877, in-8, port., demi-rel. chag. brun, dos orné.

82. CLEUZIOU (H. du). — De la Poterie gauloise. Etude sur la collection Charvet. *Paris,* 1872, gr. in-8, figures, broché.

83. COCHERIS (Mme). — Les Parures primitives, avec une introduction sur les temps préhistoriques. *Paris,* 1894, in-4, fig., rel. toile rouge, fers spéciaux, tr. dor.

84. COCHET (L'abbé). — Le Tombeau de Childéric Ier, roi des Francs, restitué à l'aide de l'archéologie et des découvertes récentes faites en France, en Belgique, en Suisse, etc. *Paris,* 1859, in-8, figures, broché. Le faux-titre est couvert de notes sténographiques à l'encre.

85. COSTUMES CIVILS et militaires de la monarchie française, de 1200 à 1643 (Louis XIII), par H^{te} Lecomte. *Paris, chez Delpech, s. d.* (vers 1820), 2 vol. in-4, demi-rel. chag. rouge, 200 planches lithographiées coloriées.

86. COSTUME (Histoire générale du) civil, religieux et militaire du IVe au XIIe siècle. (Occident, 315-1100), par Jacquemin. *Paris, s. d.* (vers 1880), in-4, pl., demi-rel., chag. rouge.

Ouvrage illustré de 48 planches coloriées hors texte.

87. COSTUMES ANCIENS et modernes, par Cesare Vecellio, précédées d'un essai sur la gravure sur bois, par Firmin Didot. *Paris,* 1859, 2 vol. in-8, demi-rel. avec coins de chag., tête dor., non rog.

88. COSTUMES. — 20 planches coloriées, publiées par Aubert : costumes d'Algérie, Espagne, Portugal, Italie et Turquie. In-4, cart.

89. COSTUMES, n° XXX. Costumi di Roma e suoi contorni disegnati da varj artisti ed incisi de Salvatore Marroni. *Roma, s. d.,* in-4, rel. toile.

Un titre et 30 belles planches coloriées.

90. COSTUMES du grand duché de Bade et des bords du Rhin, par Valerio. *Paris, Gihaut, s. d.* (1841), in-4, demi-rel.

Un titre et 12 planches lithographiques légèrement coloriées.

91. COSTUMES RELIGIEUX coloriés. 312 planches, costumes de différents ordres français et étrangers (par Helliot), en feuilles à toutes marges dans un carton.

92. DANSE DES MORTS (La), gravée d'après les tableaux à fresque qui se trouvaient sur le mur du cimetière de l'église St-Jean à Bâle, 1858, in-18, fig., br. — La grande danse macabre des hommes et des femmes. *Paris* (1872), in-4, figures, br. Ens., 2 vol.

93. DAVILLIER (le baron). — Mémoire de Velazquez sur quarante-et-un tableaux envoyés par Philippe IV à l'Escurial. Réimpression de l'exemplaire unique

(1658), avec introduction, traduction et notes. *Paris, Aubry*, 1874, in-8, broché.

Papier whatman, portrait gravé à l'eau-forte par Fortuny.

94. DAVILLIER (le baron). — Le cabinet du duc d'Aumont et les amateurs de son temps. Catalogue de sa vente avec les prix, les noms des acquéreurs et 32 planches, d'après Gouthière, accompagné de notes et d'une notice sur Pierre Gouthière, sculpteur du roi et sur les principaux ciseleurs du temps de Louis XVI. *Paris*, 1870, in-8, figures, broché, papier vergé. (Petit cachet sur le titre).

95. DAVILLIER (le baron). — Une vente d'actrice sous Louis XVI : Mlle Laguerre, de l'Opéra, son inventaire, meubles précieux, porcelaines de Sèvres, cristal de roche, etc., avec introduction et des notes, portrait à l'eau-forte par Gilbert. *Paris*, 1870, in-8 de 54 pages, pap. de holl., demi-rel. chag., non rog.

96. DAVILLIER (le baron). — Les Arts décoratifs en Espagne au moyen-âge et à la Renaissance. *Paris*, 1879, in-8, avec planches, broché.

97. DELAROCHE (Paul). — Œuvre reproduit en photographie par Bigham, accompagné d'une notice sur la vie et les ouvrages de Paul Delaroche, par Henri Delaborde, et du catalogue raisonné de l'œuvre, par Jules Goddé. *Paris, Goupil*, 1858, gr. in-fol., demi-rel., avec coins de chag. noir, tête dor., 86 planches.

98. DELORT (J.-B.). — Dix années de fouilles en Auvergne et dans la France centrale, avec 40 planches et plus de 250 figures. *Lyon*, 1901, in-4, broché.

99. DERÔME (L.). — La reliure de luxe, le livre et l'amateur, illustrations inédites, reproduites d'après les types originaux, par Aron frères, et dessins de Fraipont, Kurner, Perret. *Paris, Rouveyre*, 1888, gr. in-8, planches, broché, couv. imp. Frontispice par Adeline, sur Japon, et 65 planches.

100. DESPIERRES (Madame). — Histoire du point d'Alençon, depuis son origine jusqu'à nos jours, ouvrage orné de 8 planches et de 7 vignettes. *Paris*, 1886, in-8 de 276 pages, broché (couv. imp.).

101. DESSIN, GRAVURE, PEINTURE. — Bouton. Traité élémentaire et pratique pour apprendre à graver sans maître. S. d., in-12, cart. — Desmaretz. Eloge de Callot, 1828, in-8, demi-rel. — Charvet. Des origines de l'enseignement du dessin à Lyon, 1878, in-8, br. — Corneille. Les premiers élémens de la peinture pratique, 1684, in-12, fig., rel. veau. — Cousin. L'art de dessiner. S. d., in-8, fig., br. — Didot. Essai typographique sur l'hist. de la gravure sur bois, 1863, in-8, br. — Duplessis. Notice sur la vie et les travaux de Gérard Audran, 1858, in-8, br. — Duplessis. Les Merveilles de la gravure, 1882, in-12, fig., br. — Duplessis. Histoire de la gravure en Italie, Espagne, etc., 1880, gr. in-8 (sans les planches), br. — Farcy. Essai sur le dessin et la peinture, 1819, in-8, fig., br. — Hédou. La lithographie à Rouen, 1877, in-8 (pap. Whatman), br. — Pernety. Dictionnaire portatif de peinture, sculpture, gravure, 1757, in-12, rel. veau. — Régamey. Le dessin et son enseignement dans les écoles de Tokio, 1899, in-4, br. — Voiart. Entretiens sur la théorie de la peinture, s. d., in-8, br. — Vignettes, fleurons, culs-de-lampe et autres ornements des livres, 1873, in-12, br. — Ens. **15 vol.**

102. Detaille (Edouard), par Marius Vachon. *Paris, Lahure,* 1898, in-4, figures, demi-rel. avec coins de maroq. rouge, tête dor., non rog., couv. imp. (Durvand).

> 24 planches hors texte tirées sur papier de Chine et nombreuses figures dans le texte.

103. Doria (Comte Armand). — Catalogue de tableaux modernes, pastels, aquarelles, dessins, gravures, etc., préface par Roger Milès, vente mai 1899, 2 vol. in-4, portrait et 50 planches, papier de Hollande, br.

> Très beau catalogue.

104. Du Sartel. — La porcelaine de Chine, origines, fabrication, décors et marques, la porcelaine de Chine en Europe, classement chronologique, imitations, contrefaçons. *Paris, Morel,* 1881, in-fol. en carton.

> Ouvrage contenant 32 planches dont 18 en couleurs, figures dans le texte et monogrammes.

105. Eaux-fortes modernes. — 178 eaux-fortes ou héliogravures. Choix des plus belles pièces parues dans la Gazette des Beaux-arts, tirage de format in-fol. en 4 cartons, tirage sur Hollande ou sur Chine collé.

105 *bis.* Emaux de Petiot (Les) du musée impérial du Louvre, portraits de personnages historiques et de femmes célèbres du siècle de Louis XIV, dessinés par Regnault et gravés au burin par Ceroni, texte par Asselineau, Charles Desmaze, Desnoiresterres, Guigard, Moland, etc. *Paris,* 1863, 2 vol. in-4, portr., brochés.

> 51 beaux portraits au burin sur papier de Chine avant la lettre.

106. Ebers (Georges). — L'Egypte, d'Alexandrie au Caire, du Caire à Philae, traduit de l'allemand par Maspero, professeur au Collège de France, ouvrage illustré de 664 gravures sur bois, dant 134 hors texte et 2 cartes. *Paris, Didot,* 1881. 2 vol. in-fol., fig., demi-rel. avec coins de chag. rouge, tête dor., n. rog.

107. Ecosse. — Picturesque antiquities of scotland, etched by Adam de Cardonnel. *London,* 1788, 2 parties en 1 vol. in-8, rel veau, 50 vignettes.

108. Eudel (Paul). — L'Hôtel Drouot (revue de l'art et de la curiosité), avec préface de J. Claretie. Sylvestre, Bergerat, Champfleury, etc., 1881 à 1887. Collections et collectionneurs, 1 vol. *Paris,* 1881-87, ens. 8 vol. in-12, brochés.

109. Eudel (Paul). — La vente Hamilton, avec vingt-sept dessins hors texte. *Paris, Charpentier,* 1883, gr. in-8, broché. *Papier de chine.* tiré à 5 exemplaires.

110. Faiences (Marques de), *s. d.,* in-8, 16 pages. — Notes sur les faïences de Talavera, par Casati, 1873, in-8, br. — Modèles pour peindre sur faïences et porcelaines, 15 pages modèles en chromo. *S. d.,* in-8. — Faïences anciennes et modernes, leurs marques et décors, par Mareschal (Faïences étrangères), (incomplet du titre et de la table), gr. in-8 en carton. — Jacquemart Merveilles de la céramique (Occident), 1870, in-12, br. — La Ferrière-Percy, une fabrique de faïence Lyonnaise sous le règne de Henri II, 1862, in-8, br.

— Lejeal, note sur une marque de faïence contestée, 1865, in-8, br. — Tainturier, notice sur les faïences du xvie siècle, dites de François II, 1860, in-8, br. — La Céramique et les faussaires. par Maréchal, 1875, in-8, br. Ens., 9 vol.

111. FEMMES BLONDES (Les). — Selon les peintres de l'école de Venise, par deux Vénitiens (Baschet et Feuillet de Conches). *Paris, Aubry*, 1865, in-8, broché, couv.

112. FEUILLET DE CONCHES. — Histoire de l'école anglaise de peinture, jusques et y compris sir Thomas Lawrence et ses émules. *Paris*, 1882, in-8.

113. FRAGONARD (Honoré). — Sa vie et son œuvre, par le baron Roger Portalis, 210 planches et vignettes d'après les peintures, estampes et dessins originaux, eaux-fortes, par Lalauze, Champollion, Courtry, etc., etc. *Paris, Rothschild*, 1889, in-4, broché, couv. imp.

Papier simili Japon tiré à 100 exemplaires.

114. FRANÇAISES DU XVIIIe siècle, portraits gravés (Les), par le Marquis de Granges de Surgères et Bourcard, avec une préface par le baron Roger Portalis. *Paris*, 1887, gr. in-8, portrait, demi-rel. avec coins de maroq. rouge, tête dor., non rog. (*couv. imp.*).

Ouvrage orné de 12 portraits dont un en couleur d'après les originaux, donnant les prix atteints dans les différentes ventes, des principaux portraits de femmes du XVIII° siècle.

115. FRÉMIET, sculpteur (un maître imagier), par Jacques de Biez, 1 portrait et 12 reproductions hors-texte à l'eau-forte et à l'héliogravure. *Paris*, 1896, gr. in-8, broché.

116. FROMENTIN (Eugène), peintre et écrivain, par Louis Gonse, ouvrage augmenté d'un voyage en Egypte et d'autres notes et morceaux inédits de Fromentin, et illustré de gravures hors texte et dans le texte. *Paris*, 1881, gr. in-8, portrait et figures, broché, couv.

117. GALERIE COMIQUE DU XIXe siècle (La). — Caricatures de Adam, Bac, de Beaumont, Caran d'Ache, Charly, Daumier, Draner, Forain, Gavarni. Gill, etc. 159 pages caricatures. *Paris, Strauss, s. d.*, in-4, oblong., demi-rel., avec coins de chag., tête dor.

Reproductions des principales pages de nos caricaturistes.

118. GAZETTE DES BEAUX-ARTS. — Courrier de l'art et de la curiosité, avec eaux-fortes. Années 1859, 1865, 1866. 1872, 1876, 1877. 1879, 1881. 1885, 1887; gr. in-8, en livraisons, et environ 150 livraisons avec eaux-fortes des années 1859 à 1901.

119. GÉRARD (Baron François). — Lettres adressées au baron François Gérard, peintre d'histoire, par les artistes et les personnages célèbres de son temps, précédées d'une notice sur sa vie. *Paris*, 1886, 2 vol. in-8, portraits, brochés.

120. GLEYRE. — Etude biographique et critique, avec le catalogue raisonné de l'œuvre du maître, par Charles Clément, ouvrage orné de 30 photogravures. *Paris*, 1878, gr. in-8, portrait et figures, broché.

121. Goetschy (Gustave). — Les jeunes peintres militaires : de Neuville, Detaille, Dupray, préface de Bergerat. *Paris, Buschet*, 1878, in-4, demi-rel. Nombreuses illustrations.

122. Goncourt (Catalogue de la Bibliothèque des). — xviii⁰ et xix⁰ siècles. Livres manuscrits, autographes, etc. Vente avril 1897. *Paris*, 2 parties en 1 vol. gr. in-8, avec 2 portraits, dont un par Carrière, demi-rel. maroq. vert, tête dor., non rog. (Canape).

123 Gonse (Louis). — La Sculpture française depuis le xiv⁰ siècle, contenant 150 gravures, dont 32 hors texte et en taille-douce. *Paris, s. d.* (vers 1898), in-4, cart. artistique, tête dor.

124. Grammaire de l'Ornement, par Owen Jones, illustrée d'exemples pris de divers styles d'ornement. *Londres, s. d.*, in-4, pl. rel. toile d'éditeur, tr. dor., 112 planches en couleurs.

125. Grasset. — La Plante et ses applications ornementales, sous la direction de Eugène Grasset. *Paris, s. d.*, in-fol. en carton.

> 72 planches en couleurs donnant 24 planches d'études de fleurs et 48 planches d'application ornementales.

126. Gravures sur bois. — 137 planches de « quatre siècles de gravures sur bois », publié par Georges Hirth et Richard Muther, de Munich. 1888, in-4, en feuilles.

127. Gréard. — Jean-Louis-Ernest Meissonier, ses souvenirs, ses entretiens, précédés d'une étude sur sa vie et son œuvre. *Paris, Hachette*, 1897, petit in-4, rel. chag. noir, fers spéciaux, tr. dor.

128. Grévin. — Les Filles d'Eve, album de travestissements plus ou moins historiques. *Paris, s. d.*, in-4 oblong, demi-rel. chag. (couv. imp.).

> 24 planches coloriées.

129. Gruyer (F.-A.). — Voyage autour du salon carré, au musée du Louvre, ouvrage illustré de quarante héliogravures exécutées d'après les tableaux originaux. *Paris*, 1891, in-4, fig., demi-rel. avec coins de maroq. brun, tête dor., non rog.

> Papier impérial du Japon avec double suite des gravures sur papier de Chine.

130. Gruyer (F.-A.). — La Peinture au château de Chantilly. Ecoles étrangères. Ouvrage illustré de 40 héliogravures, par Braun, Clément. *Paris, Plon*, 1896, in-4, figures, broché, couv. imp.

131. Gruyer. — Raphaël, peintre de portraits, fragments d'histoire et d'iconographie sur les personnages représentés dans les portraits de Raphaël. *Paris*, 1881, 2 vol. in-8, brochés.

> Exemplaire sur papier de Hollande, portrait avant la lettre.

132. Guérin (V.). — Voyage archéologique dans la régence de Tunis. *Paris*, 1862, 2 vol. gr. in8, carte et pl., demi-rel. chag.

133. Guichard (Ed.). — Le Portefeuille des industries d'art, épaves des temps passés, appropriées aux goûts et aux besoins de l'industrie. *Paris, Baudry, s. d.,* in-fol. en carton, avec 56 planches.

134. Guimard (Hector). — L'Art dans l'habitation moderne. Le Castel Béranger, œuvre de Guimard, architecte, professeur à l'Ecole nationale des Arts décoratifs. *Paris, s. d.* (vers 1900), in-fol., 65 planches en couleurs, dans un carton. Envoi d'auteur.

135. Habert-Dys. — Fantaisies décoratives, documents d'après nature, documents pour servir à la décoration des faïences, meubles, tissus, bijoux, appartements, etc., 48 planches renfermant environ 200 motifs imprimées en or et couleurs, sur papier de chine, par Gillot. *Paris, s. d.,* en carton.

136. Haggitt (John). -- Two letters to a fellow of the society of antiquaries on the subject of gothic architecture : containing a refutation of Milner's objections to Mr Wittington's historical survey of the ecclésiastical édifices of France, etc. *Cambridge,* 1813, gr. in-8, cart., non rog.

Cinq planches.

137. Havard (Henry). — L'Art dans la maison (grammaire de l'ameublement), illustrations de Corroyer, David, Prignot, Fawer, Fichot, Laurent, Mikel, etc. *Paris* (1883), gr. in-8, figures, broché, couv. imp.

138. Havard (Henry). — L'Art à travers les mœurs, illustrations de Goutzwiller. *Paris,* 1882, in-4, avec figures, broché.

Ouvrage publié sous les auspices de la société d'encouragement pour la propagation des Livres d'art.

139. Havard (Henry). — La peinture décorative au xixe siècle, l'œuvre de P.-V. Galland. *Paris, Quantin,* 1895, in-4, portrait et figures, broché, couv. imp.

140. Himmel und Erde. —- Illustrite natur wissenschaftliche monatsschrift, herausgegeben von der Gesellschaft Urania redacteur : Dr Wilhem Meyer. *Berlin,* 1889-1899, 11 vol. gr. in-8, figures, demi-rel. chag. rouge.

Publication ornée d'un grand nombre de planches hors texte et figures dans le texte.

141. Hotel Lambert (L'), par Robert Hénard et Fauchier-Magnan. *Paris* (1902), in-4, avec 24 figures dans le texte, broché.

142. Houdoy (Jules). — Histoire artistique de la cathédrale de Cambrai, ancienne église métropolitaine Notre-Dame, comptes, inventaires et documents inédits, avec une vue et un plan de l'ancienne cathédrale. *Paris, Morgand,* 1880, gr. in-8 de 439 pages, papier de hollande, tiré à 225 exemplaires.

143. Huber. — Catalogue raisonné du cabinet d'estampes de feu M. Brandès, 1793, 2 vol. in-8, demi-rel. — Catalogue raisonné des dessins originaux du plus grands maîtres, du cabinet du Prince de Ligne, 1794, in-12, demi-rel. — Ens. 3 vol.

144. Huysmans (J.-K.). — L'Art moderne. *Paris, Charpentier,* 1883, in-12, br., couv. imp. Edition originale.

145. INGRES. — Sa vie et ses ouvrages, par Charles Blanc, avec gravures. 1870,
gr. in-8, demi-rel. maroq. rouge, tête dor., non rog. (Champs). — Catalogue
des tableaux et dessins exposés dans les galeries des Beaux-Arts. 1867. —
Apothéose de Ingres, par Silvestre, avec portraits, in-8. — Ingres, père,
peintre, sculpteur, par Forestié, 1886, in-4, demi-rel. chag., non rog. —
Ens. 4 vol.

146. JACQUEMART (Jules). — Vingt eaux-fortes, objets orientaux, bijoux, vases,
armes, scène espagnole, etc. *Paris*, 1881, in-fol., rel. toile.

147. JARDINS. — Traité de la composition et de l'ornementation des jardins,
avec 96 planches, par Boitard. 1825, in-4 oblong, demi-rel. — Delille. Les
jardins, ou l'art d'embellir les paysages. 1801, in-4, demi-rel. — Ens. 2
vol.

148. JOUIN (Henry). — Ancien hôtel de Rohan, affecté à l'Imprimerie nationale. Histoire et description. *Paris, Imp. Nationale*, 1889, in-fol., planches,
br., couv.

> Texte dans un encadrement imprimé au recto seulement, plusieurs des cadres ont
> été dessinés par J. Bérain et gravés par Louis Simonneau; les caractères sont ceux
> de Grandjean, gravés en 1693; 35 planches hors texte.
> Publié à 100 francs.
> On y a joint la première édition publiée en 1883, br.

149. LABARTE (Jules). — Description des objets d'art qui composent la collection Debruge-Duménil, précédé d'une introduction historique. *Paris*, 1847,
in-8, planches, broché.

150. LACROIX (Paul). — Les Arts au moyen-âge et à l'époque de la Renaissance,
ouvrage illustré de 17 planches en chromo. *Paris*, 1869, gr. in-8, figures,
demi-chag., tête jasp., non rog.

151. LACROIX (Paul). — Mœurs, usages et coutumes au moyen-âge et à l'époque de la Renaissance, ouvrage illustré de 15 planches en chromo et 440
gravures sur bois. *Paris*, 1877, gr. in-8, demi-rel. avec coins de chag. rouge, tête dor., non rog.

152. LALANNE (Maxime). — Traité de la gravure à l'eau-forte, texte et planches
par Lalanne, avec une lettre-préface de Charles Blanc, 6e édition. *Paris*,
1897, in-8, figures, broché, couv. imp.

153. LANCRET. — 47 dessins originaux exécutés au xviiie siècle, d'après des
médailles, gemmes, camées antiques, etc., ils représentent 28 casques grecs,
tous différents, la plupart de forme très originale et richement ornés, avec
des chimères, griffons, des têtes de béliers et autres animaux, 16 têtes représentant Ninas, Antinous, Socrate, Platon, Epicure, Satyre avec oreilles d'âne,
etc. : 2 dessins représentant un pied de table orné et un lion debout, une
lampe antique en forme de Phallus, sur lequel se trouve un groupe : une
faunesse nue, assise sur les genoux d'un satyre, dans une pose équivoque,
in-4, rel.

> Ces dessins très soignés et d'une exécution très habile forment une collection
> unique et d'un grand intérêt. (Note manuscrite sur la garde).
> (Provient de la collection Leroy).

154. Légion d'Honneur (Le Palais de la), ancien hôtel de Salm; dépenses et mémoires relatifs à sa construction et à sa décoration; les sculpteurs Moitte, Roland et Boquet, étude précédée d'une notice historique sur le Prince de Salm-Kyrbourg, par Thirion. *Versailles*, 1883, in-8, fig., demi-rel. chag., non rog.

155 Lejeune (Th.). — Guide théorique et pratique de l'amateur de tableaux, étude sur les imitateurs et copistes des maîtres de toutes les écoles. *Paris*, 1864-65, 3 vol. gr. in-8, brochés.

156. Le Métayer-Masselin. — Collection de dalles tumulaires de la Normandie, reproduites par la photographie, d'après les estampages exécutés. *Caen*, 1861, in-4 de 68 pages, broché.

> Ouvrage tiré à petit nombre, illustré de 8 planches hors texte et de lettres ornées gravées sur bois.

157. Lemud. — Catalogue de l'œuvre lithographié et gravé de A. de Lemud, par Aglaüs Bouvenne. *Paris*, 1881, gr. in-8, rel. bradel, non rog.

> Papier vergé, tiré à 25 exemplaires, contenant 19 lettres autographes signées de Alexandre Dumas fils, Champfleury, Buhot, Bracquemond, Jean Gigoux, Duplessis, etc., et coupures de journaux relatives à l'ouvrage ou à l'artiste.

158. Limosin (Léonard), peintre de portraits, d'après les catalogues de ventes, de musées et d'expositions et les auteurs qui se sont occupés de ces émaux, par Bourdery et Lachenaud. *Paris*, 1897, in-8, portraits et monogrammes, demi-rel. avec coins, tête dor.

> Étude sur l'œuvre des peintres émailleurs de Limoges.

159. Louandre (Charles). — Les Arts somptuaires, histoire du costume et de l'ameublement et des arts et industries qui s'y rattachent, sous la direction de Hangard-Maugé, dessins de Ciappori. *Paris*, 1858, 4 vol. in-4, avec planches en couleurs, demi-rel. bas. Manque 5 planches.

160. Luxembourg (Le Palais du), ses transformations, son agrandissement, ses architectes, sa décoration, ses décorateurs, par Hustin. *Paris*, 1904, in-4, gravures, demi-rel. avec coins de vélin blanc. Envoi d'auteur.

161. Magne (Lucien). — L'œuvre des peintres, verriers français. Verrières des monuments élevés par les Montmorency, Montmorency-Ecouen-Chantilly. *Paris, Didot*, 1885, 8 grandes planches in-fol. en carton.

162. Maitres modernes. — Eugène Delacroix à l'école des Beaux-arts, étude par Marius Vachon, mars-avril 1885. — Théodule Ribot, sa vie et ses œuvres, étude par de Fourcaud. — Bastien Lepage, sa vie et ses œuvres, 1848-1884, étude par de Fourcaud. — Adolphe Menzel, avril 1885, étude par Dumas. — Le Salon de 1885, étude par Mirbeau, publié sous la direction de F.-G. Dumas. *Paris, Baschet*, s. d. — Ensemble 5 vol. in-fol., figures, cart. toile, fers spéciaux, non rog.

163. Marçais (William et Georges). — Les Monuments arabes de Tlemcen. Ouvrage publié sous les auspices du gouvernement général de l'Algérie. *Paris*, 1903, gr. in-8, v et 358 pages, figures, broché, couv.

> Ouvrage contenant 30 planches hors texte, phototypie, et 82 illustrations dans le texte.

164. Maîtres de la gravure: Beauties and curiosities of engraving a series of rare, beautiful and costly peints in the great collections of Europe and America, selected and edited *by J. Williamson Palmer, Boston* (vers 1880), gr. in-fol., planches, rel. chag. brun, dent. sur les plats, tr. dor. (76 belles planches).

165. Martigny (L'abbé). — Dictionnaire des antiquités chrétiennes, contenant le résumé de tout ce qu'il est essentiel de connaître sur les origines chrétiennes jusqu'au moyen-âge, ouvrage accompagné de 270 gravures. *Paris*, 1865, gr. in-8, demi-rel. chag.

166. Meissonier (Jean-Louis-Ernest), ses souvenirs, ses entretiens, précédés d'une étude sur sa vie et son œuvre, par M. O. Gréard. *Paris, Hachette*, 1897, in-4, figures, demi-rel. chag. grenat, tête dor., non rog., couv. imp.

Ouvrage illustré de 18 planches en couleurs, de 20 gravures en taille-douce et nombreuses figures dans le texte.

167. Ménard (René). — L'árt en Alsace-Lorraine. *Paris*, 1876, in-4, figures, broché, couv. imp.

Les gravures de ce livre ont été exécutées sous la direction de Léon Gaucherel, d'après les documents fournis par l'auteur. Nombreux dessins dans le texte et planches hors texte reproduisant des œuvres d'art.

168. Ménard (René). — Histoire artistique du métal. *Paris*, 1881, in-4, figures, demi-rel., chag. rouge.

Ouvrage illustré de 13 eaux-fortes hors texte et nombreuses figures dans le texte.

169. Michiels (Alfred). — Van Dyck et ses élèves. *Paris*, 1882, gr. in-8, demi-rel. chag.

Avec 8 eaux-fortes du maître, reproduites en fac-similes par l'héliogravure et 16 autres gravures, dont douze dans le texte.

170. Mignard (R.). — Guide des constructeurs, traité complet des connaissances théoriques et pratiques relatives aux constructions, sixième édition augmentée par Cordeau. *Paris*, s. d., 2 vol. in-4 de texte, et 1 vol. in-fol. de planches, cart. d'éditeur. (90 planches).

171. Monogrammes, chiffres, lettres initiales et marques figurées sous lesquels les plus célèbres peintres, dessinateurs et graveurs ont désigné leurs noms (Dictionnaire de), tirés de tous les ouvrages parus depuis quelques siècles en Allemagne, en Italie, en France, en Hollande, etc., par Brulliot. *Munich*, 1817-1820, 2 parties en 1 vol. in-4, demi-rel.

172. Monogrammes (Dictionnaire des), chiffres, lettres initiales, logogryphes, rébus, etc., sous lesquels les plus célèbres peintres, graveurs et dessinateurs ont dessiné leurs noms, par Christ, trad. de l'allemand, par M** *Paris*, 1762, in-8, rel. veau.

173. Monogrammes (Recueil de), prénoms et devises, composés et dessinés par le Marquis de Boësthierry. *Paris*, 1884, in-4, contenant 136 chiffres monogrammes, broché.

174. **Monogrammes.** — Provost-Blondel. Voyelles et consonnes. *Paris, Quantin*, 1891, in-8 de 128 pages, impression en plusieurs couleurs, broché.

175. **Montrosier** (Capé). — Les artistes modernes, peintres de genre, peintres de nu, peintres militaires, peintres d'histoire, paysagistes, etc. *Paris, Launette*, 1881-1882, 4 vol. gr. in-8, figures, demi-rel. avec coins de maroq. rouge du Levant, tête dor., non rog. (Bel exemplaire).

    Edition d'amateur, 160 planches en photogravure tirées sur papier de Chine, nombreux dessins dans le texte.

176. **Mont Saint-Michel** (Le). — Texte, dessins et eaux-fortes par Dubouchet, père et fils, préface par Etienne Ducret. *Paris*, 1888, in-4, 12 eaux-fortes et 32 gravures en relief, broché, couv. illustrée. (25 fr.).

    Légende, histoire, architecture, ruines pittoresques, scènes locales.

177. **Moreau** (Le Jeune). — Catalogue raisonné de l'œuvre de J.-M. Moreau le Jeune, par Emm. Bocher. *Paris, Morgand*, 1882, in-4, portrait, broché, couv. imp.

178. **Moreau le Jeune.** — Monument du Costume. Les vingt-quatre estampes dessinées par Moreau le Jeune en 1776-1783, pour servir à l'histoire des modes et du costume dans le xviiie siècle, gravées au burin par Dubouchet. *Paris, Conquet*, 1881, 24 planches, 1 portrait et un frontispice en 4 livraisons gr. in-8 dans un carton.

    Troisième état, sur japon, épreuves terminées, avec nom à la pointe.

179. **Moreau** (Camille), peintre et céramiste, 1840-1897 (par Moreau-Nélaton). *Paris, Floury*, 1899, 2 vol. in-4, avec 125 planches, broché, non mis dans le commerce.

180. **Moyen-age** et la Renaissance. — Histoire et description des mœurs et usages, du commerce et de l'industrie, des sciences, des arts, des littératures et des beaux-arts en Europe, par Lacroix et Séré. *Paris*, 1848-51, tomes 1-3-4-5, 4 vol. in-4, figures, demi-rel. veau.

181. **Muntz** (Eugène). — Raphaël, sa vie, son œuvre et son temps, nouvelle édition entièrement refondue, contenant 187 reproductions dans le texte, d'après les œuvres du maître. *Paris*, 1900, gr. in-8, figures, broché, couv imp.

182. **Muntz** (Eugène). — Florence et la Toscane, paysages et monuments, mœurs et souvenirs historiques, nouvelle édition entièrement refondue. *Paris*, 1901, gr. in-8, figures, broché.

183. **Muntz** (Eugène). — Histoire de l'art pendant la Renaissance. II. Italie, l'âge d'or. III. Italie, la fin de la renaissance. *Paris*, 1891-1895, 2 vol. gr. in-8, figures, demi-rel. bradel, non rog., couv. imp. (Poulnays).

184. **Musée de Lyon.** — Inscriptions antiques, par Allmer et Dissard. *Lyon*, 1888-1892, 4 vol. gr. in-8, figures, brochés.

185. **Musée de peinture** et de sculpture, ou recueil des principaux tableaux, statues et bas-reliefs des collections publiques et particulières de l'Europe,

dessinés et gravés à l'eau-forte, par Réveil, avec des notices descriptives, critiques et historiques, par Duchesne aîné. *Paris, Audot*, 1829-34, 17 vol. in-12, demi-rel. chag. rouge, non rog. (Bel exemplaire).

Premier tirage des 1200 planches gravées au trait, par Réveil, texte français et anglais, le 17ᵉ vol. contient les Logᵉs de Raphaël au Vatican.

186. Musées de province. — Histoire et description des musées Didid, Turpin de Crisse, Saint-Jean, par Jouin, 1885, gr. in-8, br. — Barry. Souvenirs d'une collection de province, dessins de Bruno-Dusan. *Toulouse*, 1861, in-4, pl. br. — Clément de Ris. Les musées de province, 1872, in-12, demi-rel. — Ens. 3 vol.

187. Musée impérial du Louvre. — Collection Sauvageot, dessinée et gravée à l'eau-forte par Edouard Lièvre, accompagnée d'un texte historique et descriptif, par Sauzay. *Paris*, 1863, 2 vol. in-fol., fig. montées sur onglets, demi-rel. avec coins de maroq. rouge, tête dor., non rog., très bel exemplaire. (David. rel.).

120 planches.

188. Neuville (A. de). — Croquis militaires, 20 dessins à la plume, reproduits en fac-simile par la photogravure, in-fol. dans un carton.

189. Noyon (Antiquités de), ou étude historique et géographique, archéologique et philologique des documents que fournit cette ville à l'histoire des cités gallo-romaines et féodales de France, par Noël de la Forte-Maison. *Rennes*, 1845, in-8 de 486 pages, figures et plans.

190. Oppenheim (Ancel). — Connaissances nécessaires à un amateur d'objets d'art et de curiosités, ouvrage contenant, par ordre alphabétique, le nom des objets, la date des époques de fabrication, les prix commerciaux, etc. *Paris*, 1879, in-8, demi-rel. avec coins de maroq. rouge, tête dor., n. r.

191. Orléans. — Antiquités du grand cimetière d'Orléans, par M. Jollois. *Paris*, 1831, in-4, broché, un frontispice et 16 planches sur papier de Chine.

192. Palazzi di Genova, par Pietro Paolo Rubens, 1622, in-fol., planches demi-rel., 66 planches.

193. Paris a l'eau-forte. — Actualité, curiosité, fantaisie. *Paris, Leṣclide*, 1873-1876, 11 vol. gr. in-8, demi-rel.

Journal hebdomadaire, illustré de nombreuses eaux-fortes par les principaux artistes de l'époque : Buhot, Guérard, Somm, Jacque, Régamey, etc., etc.

194. Paris intime. — Notes et eaux-fortes par Martial, album in-fol. contenant 60 planches sur papier de Chine collé sur Hollande, tiré à 60 exemplaires, broché. (Publié à 150 fr.). Envoi aut.

195. Pau. — Inventaire des meubles du château de Pau, 1561-1562, publié par la Société des Bibliophiles français. *Paris, Morgand*, 1892, in-4, portrait, broché.

Exemplaire imprimé pour le Baron Roger Portalis, texte encadré de bordures par Bouton, tirées en bistre.

196. PEINTURES sur verre, majolique, mosaïque, etc. — Gautier. L'art de laver, ou nouvelle manière de peindre sur papier, 1687, in-12, rel. veau. — Leviel. Essai sur la peinture en mosaïque, 1768, in-12, rel. veau. — Meyer. L'art de l'émail de Limoges, 1895, in-12, fig., br. — Manuel du peintre en miniature, par M. de S. d., in-18, pl. br. — Passeri. Histoire des peintures sur majoliques faites à Pesaro, 1853, in-8, br. — Péligot. Le verre, 1877, in-8, fig., demi-rel. — Reboulleau. Nouv. manuel complet de la peinture sur verre, 1844, in-18, fig., demi-rel. — Sauzay. La verrerie, 1884, in-12, fig., demi-rel. — Thibaud. Considérations historiques et critiques sur la peinture sur verre, 1842, in-8, pl. br. — Ens. 9 vol.

197. PENSIONNAIRES du Louvre (Les), par Louis Leroy, dessins de Paul Renouard. *Paris*, 1880, in-4, rel. toile, fers spéciaux, tr. dor.

198. PERSPECTIVE (La), par Chéca, 1900, in-4, planches, br. — Goubert. De la perspective normale et surtout anormale de l'œil, 1867, in-8, br. — David Sutter. Nouvelle théorie simplifiée de la perspective, 1859, in-4, 56 planches, br. — Ens. 3 vol.

199. PHILIBERT DE L'ORME. — La première partie de l'architecture de Philibert de l'Orme. *Lyonnois*, 1567, in-fol., demi-rel. moderne, exemplaire incomplet du titre, mouillures et raccommodages. (Figures sur bois).

200. PHOTOGRAPHIE (Esthétique de la). — Texte par Wallon, Puyo, Coste, etc. 1900, in-4, fig., br. — Notes sur la photographie artistique, texte par Puyo, 1896, in-4, fig., demi-rel. bradel. — Robinson. De l'effet artistique en photographie, 1885, in-8, fig., broché. — Ens. 3 vol.

201. PLANTET (Eugène). — La collection des statues du Marquis de Marigny, directeur général des bâtiments, jardins, arts, académies et manufactures du Roi, 1725-1781. Catalogue descriptif, accompagné de 28 héliogravures. *Paris*, 1885, gr. in-8, broché.

202. POMPEI. Dipinti murali di Pompéi, Medagli istituto d'incoraggiamento di Napoli esposizioni di Londra et Milano, illustrazione par Edvardo Cerillo, versione francese pel Cottreau. *Napoli*, s. d. (vers 1885), in-fol. en feuilles.

    20 belles planches en couleurs avec texte explicatif.

203. PORTRAIT DU LOUVRE (Le), par Melchior de Vogué, illustrations de M. le comte de l'Aigle. *Paris, Launette*, 1889, in-fol., demi-rel. avec coins de chag. vert, plats en satin blanc, fers spéciaux.

204. PRISSE D'AVESNES. — La décoration arabe, décors muraux, plafonds, mosaïques, dallages, boiseries, vitraux, étoffes, tapis, reliures, faïences, ornements divers. Extraits du grand ouvrage l'Art arabe, choisis, classés et arrangés par les éditeurs. *Paris*, s. d., in-4 en portefeuille, 110 planches en couleurs.

205. PRISSE D'AVESNES. — L'art arabe d'après les monuments du Kaire, depuis le VIIe siècle jusqu'à la fin du XVIIIe siècle, 137 planches (sur 200), in-fol. en feuilles, exemplaire de travail.

206. **Programmes illustrés** des théâtres et des cafés-concerts, menus, cartes d'invitation, petites estampes, etc., texte par Ernest Maindron, reproductions en couleurs. *Paris*, s. d., in-4, demi-rel. bradel.

207. **Prud'hon.** — Sa vie, ses œuvres et sa correspondance, par Charles Clément. Ouvrage orné de 30 gravures. *Paris*, 1872, gr. in-8, fig., demi-rel. maroq. rouge, tête dor., non rog. (Champs). Bel exemplaire.

208. **Puvis de Chavannes** (Les caricatures de), préface de Marcelle Adam, 1905, in-4, fig., broché. — Puvis de Chavannes. Un maître de ce temps, par M. Vachon (1900), in-8, br. — Ens. 2 vol.

209. **Rayet** (Olivier). — Monuments de l'art antique. Ouvrage de haute archéologie contenant 90 grandes planches en taille-douce et en couleur. *Paris, Quantin*, 2 vol. gr. in-4, brochés.

210. **Renouvier** (J.). — Jehan de Paris, varlet de chambre et peintre des rois Charles VIII et Louis XII, 1861. — Des gravures sur bois dans les livres de Simon Vostre, libraire d'heures, 1862. — Des portraits d'auteurs dans les livres du xve siècle, 1863. *Paris, Aubry*, 3 brochures in-8, br.

211. **Rich.** — Dictionnaire des antiquités romaines et grecques, avec 2.000 gravures, trad. par Chéruel, 1861, in-8, br.

212. **Richer** (Dr Paul). — L'art et la médecine, ouvrage illustré de 345 reproductions d'œuvres d'art dont plusieurs hors texte. *Paris*, s. d. (1901), in-4, fig., broché, couv. imp.

213. **Roger-Milès.** — Comment discerner les styles du viiie au xixe siècle. Histoire, philosophie, documents, études sur les formes et les variations propres à déterminer les caractères du style. *Paris, Rouveyre*, s. d. (vers 1900), 3 vol. in-4, figures, cartonnage artistique, non rog., avec près de 6.000 dessins.

> Objets d'art, de curiosité et d'ameublement, 1 vol. — Le costume et la mode, 1 vol. — Architecture et décoration pendant le xviiie siècle, Régence, Louis **XV**, 1 vol.

214. **Rome**, par Armengaud. — Le Vatican. Le musée Chiaramonti. Les loges de Raphaël. La bibliothèque du Vatican. Les monuments antiques. Les Catacombes. Les Palais. Les Eglises, etc. *Paris*, 1857, in-fol., avec de nombreuses gravures sur bois, demi-rel. chag. rouge, tr. dor.

215. **Rouaix** (Paul). — Dictionnaire des arts décoratifs à l'usage des artisans, des artistes, des amateurs et des écoles, 541 gravures. *Paris*, s. d., in-4, figures, rel. toile d'éditeur.

216. **Saint-Michel** et le Mont-Saint-Michel par Mgr Germain et Corroyer. Ouvrage illustré d'une photogravure, de 4 chromos et de 200 gravures. *Paris*, 1880, gr. in-8, demi-rel. chag. rouge.

217. **Salons.** — L'exposition des Beaux-arts ou salons, publiés par Baschet, Goupil, Manzi, Joyant et Cie, avec texte par Burty, Houssaye, Antonin

Proust, Dayot, Havard, Bénédite, etc. *Paris*, 1880 à 1901, 22 vol. in-4 avec planches, rel. toile rouge avec palettes sur les plats, n. r., couv. imp.

> Très belle collection, chaque volume est illustré de 100 planches en photogravure et couleur.

218. SALONS. — Le panorama-salon, années 1897, 1898, 1899, 1903, 1904. 5 albums in-4 oblong avec de nombreuses reproductions de tableaux, demi-rel. toile.

219. SALON DES AQUARELLISTES français, texte par Eug. Montrosier (Capé). *Paris, Launette*, 1887 et 1888, 2 vol. in-4, avec nombreuses planches, brochés.

220. SALON DE 1840 (Album du). — Collection des principaux ouvrages exposés au Louvre, reproduits par les peintres eux-mêmes, par François, Cicéri, Champin, etc. *Paris, Challamel*, 1840, in-4 avec 40 planches lithographiées, rel. toile rouge.

221. SALONS. — About. Salon de 1864, in-12, br. — Gautier (Th.). Abécédaire du salon de 1861, in-12, br. — Goncourt. Le Salon de 1852, la peinture à l'exposition de 1855, in-12. — Le Nu au salon de 1888, par Silvestre, in-8, br. — Le livret de l'exposition faite en 1673, avec notes par Montaiglon, 1852, in-12, br. — Tainturier. Le salon de 1865, in-8, br. — Ens. 6 vol.

222. SCULPTURE SUR PIERRE EN CHINE (La), au temps des deux dynasties Han, par Edouard Chavannes. *Paris*, 1893, in-4, fig., broché.

> 66 planches d'après des estampages.

223. SCULPTEURS GROTESQUES (Les) et symboliques (Rouen et environs), préface par Champfleury, 100 vignettes et texte avec double frontispice à l'eau-forte par Jules Adeline. *Rouen*, s. d. (1878), gr. in-8, fig., demi-rel. avec coins de chag. brun, tête dor., non rog. (Foulquier), couv. imp.

> Papier teinté tiré à 175 exemplaires avec les deux eau-fortes sur papier du Japon.

224. SÉGUIN (Joseph). — La dentelle. Histoire, description, fabrication, bibliographie, ornée de 50 planches phototygraphiques, fac-simile de dentelles de toutes les époques et de nombreuses gravures d'après les meilleurs maîtres des XVIe *et* XVIIe siècles. Paris, Rothschild, 1875. in-fol., broché, couv. imp.

225. SOLDI (Emile). — La Sculpture égyptienne. L'art et ses procédés depuis l'antiquité. Edition illustrée de gravures dans le texte. *Paris*, 1876, in-8, demi-rel. veau. (Envoi d'auteur).

226. SOLDI (Emile). — Les arts méconnus. Les nouveaux musées du Trocadéro. Ouvrage orné de 400 gravures, 2e édition. *Paris*, 1881, gr. in-8, figures, broché, couv. imp.

> Les camées et les pierres gravées, l'art au moyen-âge; l'art persan; l'art Kmer; les arts du Pérou et du Mexique; l'art égyptien, etc.

227. STUDIO (Le), édition spéciale avec traduction française, de janvier 1899 à avril 1901, soit 16 n^os in-4 avec nombreuses figures.

228. Tapisseries des Gobelins (Notice historique sur les manufactures de),
par Lacordaire, 1855, in-8, fig. br. — Muntz, LaTapisserie (1900), in-8,
fig., demi-rel. — Tentures artistiques, palais des Beaux-Arts, première
exposition, catalogue illustré, 1881, in-8, pl., br. — Ens. 3 vol.
par Lacordaire. 1855, in-8, fig., br. — Muntz. La Tapisserie (1900), in-8,

229. Thiers. — Collection d'objets d'art léguée au Musée du Louvre par M.
Thiers. *Paris*, 1884, in-4, fig., broché.

    Papier de Hollande, ouvrage illustré de 28 planches à l'eau-forte et 5 en chromo.

230. Tourneur (Manuel du), par Bergeron. Ouvrage dans lequel on enseigne
aux amateurs la manière d'exécuter sur le tour à pointes, à lunette, en
l'air, etc., etc. *Paris*, 1792, 2 vol. in-4 avec planches, demi-rel.

231. Trion. — Antiquités découvertes en 1885-1886 et antérieurement au
quartier de Lyon dit de Trion, décrites par Allmer et Dissard. *Lyon*, 1887-88,
2 vol. gr. in-8, figures, brochés.

232. Uzanne (Octave). — L'art dans la décoration extérieure des livres en
France et à l'étranger, les couvertures illustrées, les cartonnages d'éditeurs,
la reliure d'art. *Paris, Henry May*, 1898, gr. in-8, avec nombreuses figures.

233. Vecellio (Cesare). — Costumes anciens et modernes. *Paris, Didot*, 1859,
2 vol. in-8, nombreuses figures sur bois, demi-rel. chag. bleu, tr. peig.

234. Vento (Claude). — Les Peintres de la femme. *Paris*, 1888, gr. in-8, fig.,
broché.

    Cabanel, Henner, Bonnat, Chaplin, d'Epinay, Carolus-Duran, Lefebvre, Machard,
Wencker, etc., avec portraits et reproductions de tableaux, dont plusieurs en
couleurs.

235. Velazquez (Mémoires de), sur quarante-et-un tableaux envoyés par Philippe IV à l'Escurial. Réimpression de l'exemplaire unique (1658) avec introduction, traduction et notes par le baron Davillier et un portrait gravé
à l'eau-forte par Fortuny. *Paris*, 1874, in-8, papier de Hollande, br., couv.
imp.

236. Viardot (Louis). — Les Musées de France, 1855, 1 vol.— Les Musées de
Paris, 1855, 1 vol. — Les Musées d'Espagne, d'Angleterre et de Belgique,
1843, 1 vol. — Les Musées d'Allemagne et de Russie, 1844, 1 vol. — Les
Origines traditionnelles de la peinture moderne en Italie, 1840, 1 vol. —
Les Merveilles de la peinture, 1881, 2 vol. — Ens. 7 vol. in-12 et in-8, br.

237. Viollet-le-Duc. — Dictionnaire raisonné du mobilier français, de l'époque carlovingienne à la renaissance. *Paris*, 1872, 6 vol. in-8, figures en couleurs et en noir, demi-rel. chag. vert.

238. Viollet-le-Duc. — Histoire d'une maison. Dessins de l'auteur. *Paris*,
s. d., gr. in-8, demi-rel. bas.

239. Vogué (Melchior de). — Le Portrait du Louvre, illustrations de M. le
comte de l'Aigle, imprimé en taille-douce par Chardon. *Paris, Launette*,
1889, in-4, dans un carton en satin.

240. Wilson (Collection de M. John W.), exposée dans la galerie du Cercle artistique et littéraire de Bruxelles. *Paris*, 1873, in-4, fig., demi-rel. maroq. vert, tête dor., non rog. (Champs).

> Papier de Hollande, 68 planches gravées à l'eau-forte par Gaucherel, Jacquemart, Le Rat, Hédouin, etc.

241. Wilson (John). — Catalogue de Tableaux de premier ordre anciens et modernes, composant la galerie de M. John Wilson, dont la vente aura lieu en son Hôtel les 14, 15, 16 mars 1881. *Paris*, 1881, in-4, demi-rel. maroq., non rog., 62 planches gravées à l'eau-forte.

242. Wright (Thomas). — Histoire de la Caricature et du Grotesque dans la littérature et dans l'art. Deuxième édition illustrée de 238 gravures dans le texte, notice par A. Pichot. *Paris*, 1875, in-8, fig., broché.

243. Zola (Emile). — Ed. Manet. Etude biographique et critique, accompagnée d'un portrait d'Ed. Manet par Bracquemond et d'une eau-forte d'Ed. Manet d'après Olympia. *Paris*, 1867, in-8 de 48 pages, broché, couv. imp.

www.ingramcontent.com/pod-product-compliance
Ingram Content Group UK Ltd.
Pitfield, Milton Keynes, MK11 3LW, UK
UKHW031724170726
13836UKWH00001B/419